RÉPUBLIQUE FRANÇAISE

GOUVERNEMENT GÉNÉRAL DE L'ALGÉRIE

Direction de l'Agriculture, du Commerce et de la Colonisation

La

Colonisation EN ALGÉRIE

Concessions gratuites

Ventes à Bureau ouvert

ANNÉE 1912

ALGER

IMPRIMERIE ADMINISTRATIVE VICTOR HEINTZ

41, Rue Mogador, 41

1911

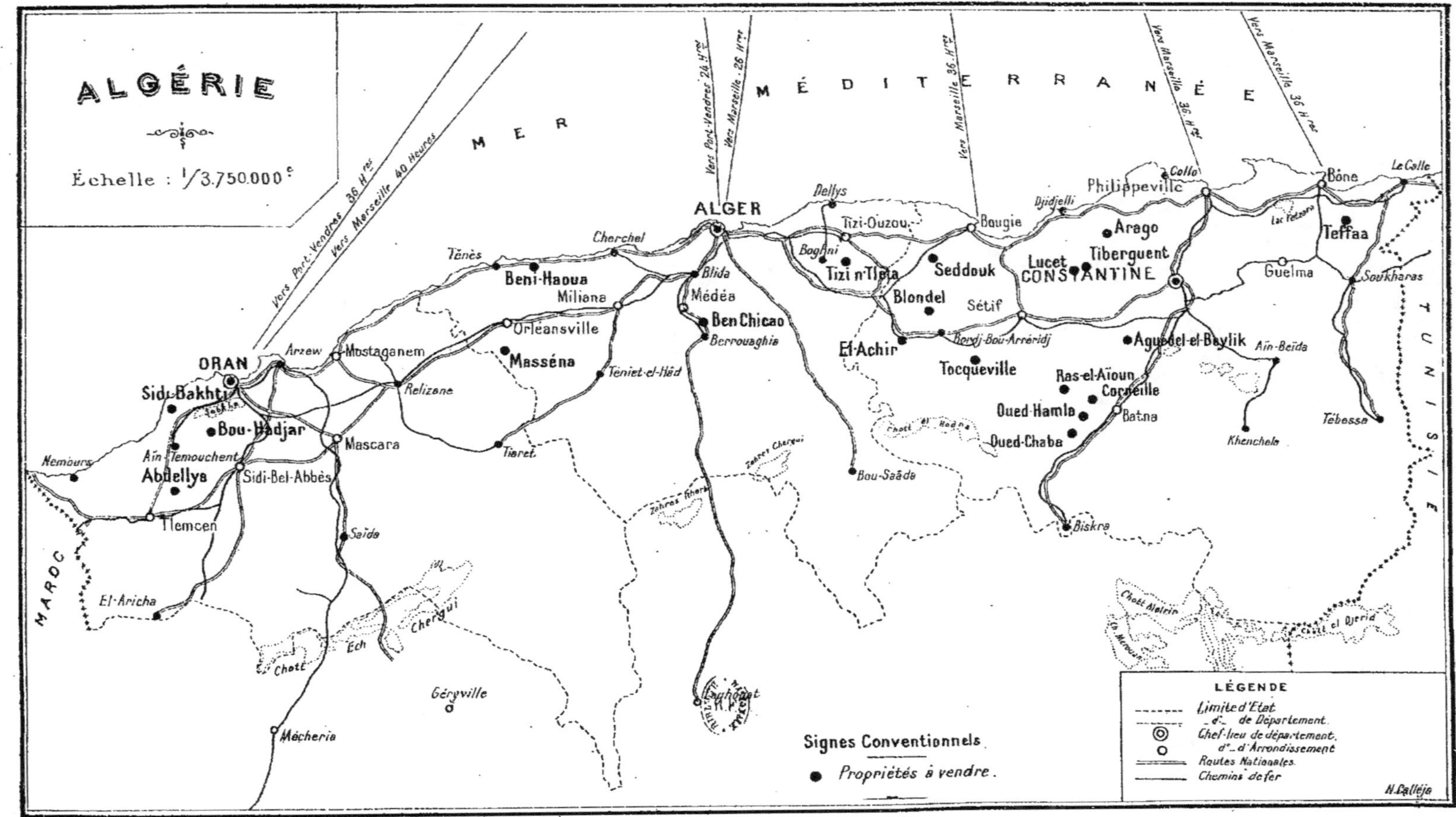

ALGÉRIE
Échelle : 1/3.750.000 e
MER MÉDITERRANÉE
MAROC
TUNISIE
Vers Port-Vendres 36 Hres
Vers Marseille 40 Heures
Vers Port-Vendres 24 Hres
Vers Marseille 26 Hres
Vers Marseille 36 Hres
Vers Marseille 36 Hres
ORAN
Sidi-Bakht
Bou-Hadjar
Aïn-Temouchent
Abdellys
Sidi-Bel-Abbès
Nemours
El-Aricha
Tlemcen
Saïda
Mascara
Arzew
Mostaganem
Relizane
Tènès
Beni-Haoua
Miliana
Orléansville
Masséna
Tiaret
Téniet-el-Had
Cherchel
Blida
Médéa
Ben Chicao
Berrouaghia
Bou-Saâda
Géryville
Mécheria
Chergui
Ech
Chott
Zahres Chergui
Zahres Rharis
ALGER
Dellys
Tizi-Ouzou
Boghni
Tizi n'Tleta
Blondel
Seddouk
Sétif
El-Achir
Bordj-Bou-Arréridj
Tocqueville
Bougie
Djidjelli
Philippeville
Collo
Arago
Tiberguent
Lucet
CONSTANTINE
Aguedel-el-Baylik
Ras-el-Aïoun
Corneille
Oued-Hamla
Oued-Chaba
Batna
Aïn-Beïda
Khenchela
Bône
Le Calle
Lac Felzara
Teffaa
Guelma
Soukharas
Tébessa
Biskra
Chott el Hodna
Chott Melrir
Chott el Djerid
Signes Conventionnels
Propriétés à vendre.
LÉGENDE
Limite d'État
d° de Département
Chef-lieu de département
d° d'Arrondissement
Routes Nationales
Chemins de fer
N. Calléja
Nota : Pour reconnaître la situation des terrains à vendre, il suffit de rapprocher les plans des notices de cette carte.

La Colonisation

L'Algérie est en état de recevoir encore de nombreuses familles de la Métropole. Les Français, travailleurs et actifs, peuvent avoir un sérieux intérêt à s'y installer.

Toutes les bonnes volontés trouvent des chances utiles d'établissement en Algérie, mais cette Colonie est plus particulièrement indiquée pour des agriculteurs de la Métropole, à l'étroit sur des terres insuffisantes. Ils peuvent, pour la même somme d'argent et d'efforts, obtenir en Algérie des propriétés beaucoup plus importantes, destinées à des plus-values de capital croissantes et rapportant, si on les exploite avec compétence, de réels bénéfices.

En dehors des territoires cultivés par les indigènes, des régions assez étendues et assez riches pour faire vivre et prospérer des Européens, sont ouvertes ou vont s'ouvrir à l'activité des cultivateurs.

Dans le but de compléter le peuplement de la Colonie par l'élément français, le Gouvernement général de l'Algérie choisit, chaque année, divers territoires qu'il relie par des routes aux centres voisins. Il y amène l'eau indispensable aux besoins des habitants et à l'irrigation, il y construit les bâtiments publics nécessaires pour constituer un village et il y assure les services administratifs, scolaires et médicaux.

Le territoire est divisé en un certain nombre de propriétés qui comprennent généralement un lot à bâtir dans l'intérieur du village et un ou plusieurs lots appropriés aux genres de culture de la région.

La superficie totale de la propriété varie, suivant les lieux, entre 40 ou 100 hectares ; dans certaines régions elle atteint et dépasse 200 hectares.

Ces propriétés sont concédées à titre gratuit ou vendues à bureau ouvert,

D'autre part, il existe dans la plupart des villages de colonisation des groupes industriels comprenant un lot urbain et un lot de jardin ou de petite culture dont la superficie varie entre quelques ares et deux hectares. Ces groupes sont, en général, vendus *de gré à gré* avec obligation de construire.

Enfin, il a été réservé, dans les villages construits au bord de la mer ou dans des régions montagneuses et boisées particulièrement pittoresques, des *lots d'estiveurs* qui sont vendus à des conditions particulières.

Le présent livret a pour but de fournir des indications, tant sur les propriétés vendues à bureau ouvert que sur les concessions gratuites. Les personnes désireuses d'avoir des renseignements plus complets soit sur ces propriétés ou concessions, soit sur les groupes industriels et lots d'estiveurs, peuvent s'adresser au Gouvernement général de l'Algérie (Direction de l'Agriculture, du Commerce et de la Colonisation, 26, boulevard Carnot, Alger) ou à l'Office de l'Algérie (Galerie d'Orléans, Palais Royal, Paris, Ier).

I. - CONCESSIONS

Conditions et Formalités à remplir

pour obtenir une Concession

Pour être admis à obtenir une concession, il faut :

1° **Etre Français et jouir de ses droits civils ;**

2° **Etre chef de famille ;**

3° **Avoir des connaissances agricoles ;**

4° **Posséder des ressources suffisantes pour mettre en valeur la concession (minimum 10,000 francs) ;**

5° **S'engager à résider pendant dix ans (1) sur les terres concédées.**

Formulée sur papier timbré, la demande indiquera le centre dans lequel le pétitionnaire désire être placé comme concessionnaire. L'Administration tiendra compte de ce désir dans la mesure où les circonstances le lui permettront. Si le demandeur n'a pas de préférence marquée, il se contentera de désigner le département ou la région qui lui plairait davantage.

Il produira un extrait, de date récente, de son casier judiciaire et la justification de ses ressources disponibles, au moyen des avertissements du Service des Contributions directes et d'un certificat de l'autorité locale, lequel sera dûment contrôlé.

Lorsque ces ressources consistent, en totalité ou en majeure partie, en immeubles, le pétitionnaire sera tenu de fournir un certificat du

---

(1) La durée de résidence peut, dans certains cas, être réduite à cinq ans. Voir page 8 les obligations et droits du concessionnaire.

conservateur des hypothèques indiquant les charges qui peuvent grever ces biens.

Le demandeur de concession gagnerait à venir en Algérie pour s'employer, pendant une année ou deux, dans une exploitation agricole afin de s'y familiariser, avec les bonnes pratiques des cultivateurs de la Colonie. Mais s'il n'est pas assuré, par un engagement ferme, d'avoir du travail de cette nature, il lui est recommandé, pour n'avoir aucun déboire, de ne se rendre en Algérie que lorsqu'il sera avisé de son admission comme concessionnaire, par le préfet du département où est située la concession.

Facilités de Transport

accordées aux Concessionnaires et acquéreurs de terres de colonisation

Les familles à qui des concessions sont accordées, reçoivent un *acte provisoire* pour leur permettre de prendre possession de leurs terres et de bénéficier des facilités de voyage suivantes :

En **chemin de fer :** transport à demi-tarif, en 3ᵉ classe, de toutes les personnes indiquées sur la feuille de soumission (le concessionnaire, sa famille, ses domestiques de ferme, etc.), et transport gratuit de 100 kilogrammes de bagages par personne.

Sur les **paquebots du service postal partant de Port-Vendres ou de Marseille :** *transport gratuit*, en 3ᵉ classe, des mêmes personnes que ci-dessus, et transport gratuit de 80 kilogrammes de bagages par personne.

Les réductions et franchises en chemin de fer sont accordées à la gare de départ, sur la présentation de l'acte provisoïre.

Pour les passages sur mer, il n'y a qu'à s'adresser au commissaire spécial de police du port de Marseille ou à celui de Port-Vendres, qui, sur le vu de l'acte provisoire, délivrent une réquisition d'embarquement.

On doit, à moins d'un nouveau délai, qui peut être accordé par le préfet du département où est située la concession, faire usage de l'acte provisoire dans les trois mois.

Cependant, le concessionnaire a la faculté de venir seul, dans les trois mois, prendre possession de sa propriété. Pour retourner en France, il ne bénéficie que d'un passage gratuit sur mer, en 4ᵉ classe. Mais lorsqu'il revient avec sa famille pour s'installer définitivement sur sa concession, il lui suffit, si son acte provisoire est périmé, d'en demander un nouveau au préfet, et il bénéficie, ainsi que sa famille, des facilités de transport sur terre et sur mer indiquées ci-dessus.

Le demi-tarif en chemin de fer et le transport gratuit sur mer sont également accordés aux acquéreurs à bureau ouvert ou aux familles chargées de les remplacer sur les propriétés acquises.

Obligations et Droits des Concessionnaires

Le concessionnaire obtient immédiatement la propriété des terres concédées, sous réserve des restrictions et des cas de déchéance ou de résolution suivants :

Il doit transporter son domicile et résider sur la terre concédée avec sa famille, d'une manière effective et permanente, pendant *dix années* à partir de sa mise en possession.

Il a un délai de *six mois,* à dater de son admission, pour prendre possession.

Il doit, en outre, construire sur l'un de ses lots des bâtiments d'habitation et d'exploitation, y installer le bétail et l'outillage que comportent l'étendue de la concession et le mode de culture.

Le concessionnaire qui, ayant rempli toutes les obligations ci-dessus, a, de plus, fait sur son lot des améliorations utiles et permanentes, et bâti des constructions d'une valeur importante, peut, après cinq ans, être affranchi de la condition de résidence, à charge de rester personnellement responsable de la bonne exploitation des terres concédées dans le délai restant à courir.

Le concessionnaire qui a résidé pendant 3 ans sur sa propriété peut céder ses terrains à toute personne réunissant les conditions exigées des concessionnaires. L'acte de cession est soumis à l'approbation de l'autorité qui a approuvé la concession. Le cessionnaire est alors substitué au cédant pour l'accomplissement de ses obligations.

L'Etat, soit en cas de déchéance prononcée, soit en cas de vente poursuivie à la requête des créanciers, renonce à se prévaloir de tout privilège ou action résolutoire vis-à-vis des personnes qui auront consenti au concessionnaire des prêts hypothécaires, destinés à des travaux de bâtiments ou à des travaux agricoles, constituant des améliorations utiles et permanentes.

Le concessionnaire qui ne remplit pas les conditions imposées est frappé de déchéance.

Si des améliorations ont été effectuées, ou s'il y a des créanciers se trouvant dans les conditions indiquées ci-dessus, la concession est vendue par voie administrative, afin de réduire les frais au minimum.

Sur le prix de l'adjudication, l'on prélève une somme égale au montant des améliorations ; cette somme est consignée au compte de tous ayants droit. L'Etat retient ce qui reste disponible.

Avant l'expiration d'un délai de dix ans à partir du jour où il a été satisfait aux conditions de résidence et d'exploitation énumérées plus haut, les terres concédées ne peuvent être transmises par voie de cession à titre onéreux ou à titre gratuit, qu'aux personnes qui remplissent les conditions exigées pour l'attribution des terres de colonisation.

Pendant les dix années qui suivent la mise en possession du concessionnaire, les terrains concédés ne peuvent être loués à des Indigènes.

En cas de décès du concessionnaire, la condition de résidence peut être remplie par les héritiers ou par l'un d'eux seulement.

II. - VENTES A BUREAU OUVERT

Ainsi qu'il est facile de s'en rendre compte à la lecture des indications qui précèdent, le demandeur en concession ne peut, même en
admettant qu'il réunisse toutes les conditions voulues et quelle que
soit la diligence de l'Administration, obtenir satisfaction qu'après une
instruction de sa demande dont la durée n'est souvent pas inférieure
à plusieurs mois. D'autre part, les terres domaniales étant aliénées
surtout par la voie de la vente à bureau ouvert, le nombre des
concessions gratuites n'est pas très élevé et le choix du futur colon
ne peut s'exercer que dans une mesure restreinte.

Ces deux inconvénients disparaissent avec le système de la vente
à bureau ouvert.

D'une part, en effet, le nombre des propriétés vendues est
supérieur à celui des concessions gratuites. En outre, leur étendue et leur valeur sont essentiellement variables. Tel agriculteur,
dont les ressources sont modestes et qui désire porter ses efforts
principalement sur la culture des céréales trouve à acheter la propriété moyenne que ses moyens lui permettent de mettre en valeur.
Tel autre, disposant de capitaux plus considérables ou préférant se
livrer à l'élevage du bétail pourra acquérir un immeuble atteignant 200
hectares, et même plus. En un mot, chacun est assuré de trouver
un terrain répondant à ses goûts et à ses facultés financières.

D'autre part, les lenteurs que comporte l'attribution d'une concession gratuite sont ici entièrement supprimées. Pendant toute la durée
de la vente à bureau ouvert, tout français non possesseur de terres
de colonisation, après avoir fixé son choix sur une propriété n'a qu'à
se présenter pour en faire l'acquisition soit en personne, soit par
mandataire, chez le receveur des domaines du chef-lieu du département,
qui lui en consent immédiatement la vente. L'acte est signé le jour

même et la mise en possession de l'acquéreur est effectuée, aussitôt après l'approbation de la vente par le Gouverneur général.

Les terres mises dans ces conditions à la disposition des colons sont toujours vendues sur des mises à prix inférieures à leur valeur réelle. De plus, l'administration accorde aux acquéreurs de grandes facilités de paiement et même dans certains cas la remise d'une fraction importante du prix d'achat. Des renseignements à ce sujet sont contenus dans le modèle de cahier des charges inséré plus loin dans le présent livret.

L'on trouve également dans ce livret un modèle de soumission et un modèle de procuration pour le cas où l'acheteur se fait remplacer par un mandataire. Ces documents contiennent toutes les indications d'ordre général relatives aux ventes à bureau ouvert. Quant aux renseignements spéciaux aux immeubles compris dans une vente déterminée, ils font l'objet de notices qui sont envoyées en même temps que le livret à toute personne qui en fait la demande.

Il convient de remarquer que pendant qu'une vente est en cours, l'administration en prépare une nouvelle, de sorte que ces ventes se succèdent à peu près sans interruption.

VENTES A PRIX FIXE ET A BUREAU OUVERT

Clauses et Conditions générales

ARRÊTÉ

Le Gouverneur général de l'Algérie,

Vu le décret du 13 septembre 1904, sur la colonisation, notamment les articles 5 et 9 concernant la vente à prix fixe ;
Le Conseil de gouvernement entendu,

ARRÊTE :

Période de vente

Article premier. — En exécution du décret du 13 septembre 1904 sur la colonisation, il sera procédé, le   et jours suivants à   ; le   et jours suivants à   ; le   et jours suivants à   , les fêtes et dimanches exceptés, par les soins des receveurs des domaines d'Alger, d'Oran, de Constantine, et à leur bureau, à la vente à prix fixe des propriétés désignées dans le tableau d'autre part.

La vente sera clôturée le   à   , le   à   et le   à   .

Conditions d'origine des Acquéreurs et de réception des soumissions

Art. 2. — Ne peuvent être admis comme acquéreurs que les français d'origine européenne ou européens naturalisés, jouissant de leurs droits civils et n'ayant jamais été acquéreurs, concessionnaires ou cessionnaires, à quelque titre que ce soit, de terres de colonisation.

Toute personne remplissant ces conditions sera admise à soumissionner, soit elle-même, soit par mandataire. Dans une même journée elle ne pourra soumissionner que pour une seule propriété. En aucun cas, la même personne, ne pourra au cours d'une même vente, acquérir pour elle-même et se présenter comme mandataire d'une autre personne.

Le mandataire devra justifier d'une procuration régulière qui sera visée par lui, ne varietur, et déposée entre les mains du receveur des domaines.

Le même mandataire ne pourra représenter qu'une seule personne et sa procuration ne vaudra que pour la durée d'une vente.

Il ne sera pas admis de déclaration de command.

Le représentant légal d'un mineur non émancipé ne pourra acquérir au nom et pour le compte de son pupille.

Distinction entre les Immigrants et les Algériens

Art. 3. — Les propriétés mises en vente sont réservées partie aux immigrants, partie aux algériens.

Sont considérés comme immigrants :

1º Les français originaires de la Métropole habitant la métropole, une colonie française autre que l'Algérie, ou les pays de protectorat ou ayant transporté leur domicile réel en Algérie depuis moins de 18 mois ;

2º Les militaires ou fonctionnaires en activité de service ou à la retraite depuis moins de 18 mois qui, au moment de leur admission dans l'armée ou dans l'administration de la Colonie, avaient leur domicile dans la Métropole, dans les Colonies autres que l'Algérie ou dans les pays de protectorat.

La qualité d'immigrant ne pourra être acquise ou recouvrée par un français d'Algérie, qu'après trois ans de domicile réel dans la Métropole.

1ʳᵉ Journée de vente. — Dépôt des soumissions et adjudication

Art. 4. — Pour chaque propriété ou groupe de propriétés, le jour de l'ouverture des opérations de vente à bureau ouvert sera indiqué par voie d'affiches et par un avis apposé d'avance à la porte du bureau des Domaines et à l'entrée de la salle d'adjudication.

Au jour fixé, les offres seront reçues de 8 heures du matin à 11 heures et de 1 heure à 4 heures de l'après-midi. Néanmoins, les soumissions des personnes présentes dans les bureaux à 4 heures seront reçues passé ce délai. Les offres feront l'objet d'une soumission conforme au modèle annexé au présent arrêté.

Chaque soumissionnaire déposera entre les mains du Receveur un extrait de son casier judiciaire, ayant moins de trois mois de date et versera immédiatement à titre de dépôt, le premier terme du prix d'acquisition. Il désignera au receveur la propriété du groupe (immigrant ou algérien) qu'il désire acquérir, mais il ne sera déclaré acquéreur qu'à la fin de la séance du soir et dans le cas seulement où la propriété par lui soumissionnée n'aurait fait l'objet d'aucune autre offre dans la journée. Le soumissionnaire qui ne se présentera pas à l'heure fixée pour souscrire l'acte de vente ou prendre part à l'adjudication, sera déchu de tout droit pouvant résulter de sa déclaration, sans préjudice de son exclusion de la vente en cours.

Pour les propriétés ayant fait l'objet de plusieurs soumissions, les enchères seront ouvertes sans désemparer, c'est-à-dire dès quatre heures de l'après-midi. Les enchères seront au moins de 50 francs quand la mise à prix sera égale ou inférieure à 10,000 francs et de 100 francs quand elle dépassera 10,000 francs. La propriété sera adjugée au plus offrant, qui signera immédiatement le procès-verbal d'adjudication établi par le receveur des Domaines.

Vente après la 1ʳᵉ journée et jusqu'à la date de clôture

Art. 5. — Pour les propriétés qui n'auront pas trouvé preneur le premier jour de la vente, les offres seront reçues jusqu'à l'expiration de la période fixée, de 8 à 10 heures du matin et de 2 à 3 heures de l'après-midi. Dans le cas où l'une d'elles serait l'objet dans la même journée de plusieurs soumissions, il serait procédé aux enchères comme il est dit ci-dessus.

Etablissement du contrat de vente. — Versement du 1er terme et des frais Approbation ou refus d'approbation. — Mise en possession

Art. 6. — Les soumissionnaires déclarés acquéreurs par le receveur des Domaines signeront immédiatement les contrats de vente, et compléteront s'il y a lieu, entre ses mains le montant du premier terme de leur acquisition.

Ils verseront, en outre, leur part contributive :

1o Dans les frais de publicité préalable à la vente, lesquels sont fixés à forfait à 2,50 % du montant du prix d'acquisition ;

2o Dans les droits d'enregistrement et de transcription hypothécaire de l'acte de vente, les droits de timbre des originaux et expéditions des pièces annexes, ainsi que le coût de l'expédition dont le montant approximatif leur sera indiqué au moment de la signature du contrat, et sauf règlement définitif lors de la remise de l'expédition.

Cette remise aura lieu dans le délai de trois mois, à partir du jour où la vente sera devenue définitive.

La vente ne deviendra définitive que par la notification de l'approbation du Gouverneur général de l'Algérie. L'approbation ne peut être refusée que pour vice de forme ou violation des dispositions des articles 2 et 3 ci-dessus.

Les tentatives de collusion ayant bénéficié à l'acquéreur et les manœuvres frauduleuses de toute nature qui précèderont la vente, seront assimilées aux vices de forme.

Lorsque l'approbation est refusée, la vente est nulle et non avenue.

La notification de la décision approbative ou improbative de la vente sera faite à l'acquéreur par le Directeur des Domaines du département, au moyen d'une simple lettre administrative chargée à la poste et adressée au domicile élu par l'acquéreur, qui en supportera les frais.

A défaut de notification de l'approbation dans le délai de deux mois à partir de la date de la vente, celle-ci sera considérée comme définitive et exécutée suivant sa forme et teneur.

Il est interdit à l'acquéreur de prendre possession des lieux avant la notification de l'approbation ou l'expiration du délai précité. Dans le cas où il n'observerait pas ces prescriptions et où la vente ne serait pas approuvée, il n'aurait droit à aucun remboursement ni à aucune indemnité, pour les travaux qu'il aurait pu exécuter à ses risques et périls.

La mise en possession de l'acquéreur aura lieu par les soins du service topographique, dans le délai d'un mois à partir du jour où la vente sera devenue définitive.

En cas de refus d'approbation de la vente pour vice de forme, la somme déposée par l'acquéreur aux termes de l'article 4 lui sera remboursée sans intérêts. Mais il sera passible d'une amende égale au vingtième du prix total de la vente, qui sera conservée par l'Etat à titre de dommages-intérêts, si la vente est annulée par le motif qu'il ne se trouvait pas dans les conditions requises par les articles 2 et 3.

En aucun cas, la part des frais de publicité versée par l'acquéreur ne pourra lui être restituée.

L'acquéreur sera tenu d'élire domicile à la mairie de la situation de la propriété vendue.

Art. 7. — L'immeuble est vendu franc de toutes rentes, dettes, hypothèques, redevances ou prestations foncières sauf les charges résultant des dispositions du présent arrêté et de celles du décret du 13 septembre 1904.

Art. 8. — Jusqu'au paiement intégral du prix et des intérêts, des droits et frais résultant de la vente, l'immeuble vendu demeure affecté par privilège, pour la sûreté de ce paiement, sans préjudice et sous réserve expresse du droit de reprise par voie de déchéance, spécifié à l'article 16.

Cas de resiliation

Art. 9. — L'acquéreur sera censé connaître l'immeuble qu'il aura acquis. Il le prendra dans l'état où il se trouvera au jour de la notification de l'approbation de l'acte de vente, sans pouvoir prétendre à aucune garantie, ni à aucune diminution de prix pour dégradations, réparations ou erreur dans la désignation ou encore pour vices cachés.

Cependant, si une erreur existait à la fois dans la désignation des tenants et aboutissants et dans la consistance annoncée, chacune des parties aurait droit de provoquer la résiliation du contrat ; mais si cette erreur ne portait que sur l'un des deux points seulement, la demande en résiliation ne serait pas recevable.

Si la double erreur existait au préjudice de l'acquéreur, celui-ci ne serait admis à demander la résiliation que dans les deux mois de la notification de l'approbation de la vente ou du jour où elle serait devenue définitive ; passé ce délai, la réclamation ne serait plus reçue et la vente aurait son effet.

Il y aurait lieu également à résiliation, si dans la vente était comprise une portion de bien quelconque, non susceptible d'être vendue.

La résiliation de la vente ne pourra donner ouverture à une demande en indemnité que dans le cas d'améliorations apportées à la propriété par l'acquéreur dépossédé. Toutefois celui-ci ne pourra prétendre qu'à l'application de l'article 555 du code civil.

Elle pourra entraîner une demande en dommages-intérêts de la part de l'Etat au cas de dégradations de la propriété par le dit acquéreur.

Transfert de la propriété. — Servitudes. — Réserves au profit de l'état

Art. 10. — L'acquéreur sera propriétaire de l'immeuble à partir du jour de la notification de l'approbation de l'acte de vente, sous réserve toutefois des droits et privilèges déterminés par le présent arrêté.

Jusqu'à ce qu'il ait satisfait à toutes ses obligations, l'acquéreur sera tenu d'entretenir la propriété en bon état.

Il ne pourra opérer, dans la propriété, aucun changement, faire aucune coupe de bois, extraction du sol ou démolitions, sans autorisation expresse du Gouverneur général.

En cas de contravention, la totalité du prix de vente deviendra immédiatement exigible.

Art. 11. — La vente est faite sans garantie de mesure, consistance et valeur et il ne pourra être exercé respectivement aucun recours en indemnité, réduction ou augmentation du prix de vente, quelle que soit la différence en plus ou en moins qui pourra être constatée dans la mesure, consistance ou valeur.

L'Etat en tant que vendeur, ne prend aucun engagement en ce qui concerne l'alimentation en eau potable, l'irrigation, l'ouverture et la viabilité des routes, chemins, rues ou autres voies publiques représentées ou non sur le plan des terrains à aliéner, quelles que puissent être les indications contenues à ces divers points de vue dans les notices afférentes à chaque propriété ou groupe de propriétés.

Art. 12. — L'acquéreur jouira des servitudes actives et souffrira les servitudes passives, occultes, apparentes, déclarées ou non, sauf à faire valoir les unes et à se défendre des autres, à ses risques et périls et fortune, sans pouvoir, dans aucun cas, appeler l'Etat en garantie ou exercer contre lui aucun recours. La présente clause ne saurait d'ailleurs être considérée comme attribuant, soit à l'acquéreur, soit aux tiers, d'autres et plus amples droits que ceux résultants des titres ou de la loi.

Art. 13. — Le domaine de l'Etat fait réserve, à son profit, de la propriété des objets d'art, d'archéologie ou d'architecture, des trésors, médailles et monnaies anciennes, armes, mines, minières et phosphates qui viendraient à être découverts dans les terrains vendus. En cas de découverte de cette nature, l'acquéreur devra, sous peine de dommages-intérêts, en informer l'autorité administrative.

Art. 14. — Conformément aux dispositions de l'article 2 de la loi du 16 juin 1851, la propriété des sources et cours d'eau existant sur les

terres aliénées, les routes et chemins publics et toutes autres dépen-
dances du domaine public qui pourraient s'y rencontrer, sont formel
lement exclus de la vente.

Paiement des termes

Art. 15. — Le prix de vente est payable en cinq termes, s'éche-
lonnant sur une période de dix années, savoir : 2/8e avec les frais de
vente incombant à l'acquéreur au moment de la signature de l'acte
d'acquisition ; ce premier terme est payé comptant et encaissé à titre
de dépôt.

1/8e 3 ans après le paiement du premier terme pour les acquisitions réalisées entre le 1er septembre et le 31 décembre, et le 1er septembre qui suivra l'expiration de cette période de 3 ans pour les
acquisitions faites du 1er janvier au 31 août.

1/8e un an après l'échéance du deuxième terme.

1/8e un an après l'échéance du troisième terme.

3/8e cinq ans après l'échéance du quatrième terme.

Les quatre derniers termes sont payables à la caisse du Receveur
des Domaines de la situation de l'immeuble vendu.

Il ne sera pas dû d'intérêts si les termes du prix de vente sont
payés exactement à l'échéance. En cas de retard, quelle qu'en puisse
être la cause, chaque terme échu porte intérêt à 5 0/0 par an, à
partir du jour de son exigibilité. Dans le calcul des intérêts, tous
les mois seront comptés pour trente jours, chaque jour pour un trois
cent soixantième de l'année.

Les quittances délivrées par le Receveur n'opèreront la libération
définitive de l'acquéreur, qu'autant que les paiements auront été recon-
nus réguliers et suffisants par un décompte réglé, conformément aux
lois relatives à l'aliénation des biens de l'Etat.

Obligations imposées à l'acquéreur. — Réduction de la durée de résidence
Remise des 3 derniers huitièmes du prix de vente

Art. 16. — L'acquéreur est tenu, sous peine de déchéance :

1° De payer le prix d'achat de sa terre et suivant la répartition
fixée ;

2° De transporter son domicile sur la terre acquise et d'y construire une maison d'habitation et d'exploitation dans le délai de six mois à dater du jour de l'achat ;

3° D'y résider avec sa famille et de l'exploiter personnellement pendant les dix années qui suivront sa mise en possession, ou de se substituer une famille remplissant les mêmes conditions d'origine et n'étant pas propriétaire ou locataire dans le même centre.

L'acquéreur sera tenu, en outre, de planter deux arbres par hectare. La plantation pourra être effectuée avec des arbres de toutes essences, en alignements ou en quinconces, distribués sur toute la propriété, ou groupés en un ou plusieurs massifs.

A l'expiration de la cinquième année de résidence, les arbres plantés en exécution de cette obligation devront être à l'état vif et avoir au moins trois ans d'âge.

La valeur des plantations sera comprise dans le montant des améliorations exigées comme il est dit ci-après, pour avoir droit à une réduction de la durée de résidence et à une remise d'une partie du prix de vente.

En dehors des conditions de vente ci-dessus énumérées, l'acquéreur sera tenu de faire partie des associations syndicales d'irrigation créées ou à créer en conformité de la loi du 21 juin 1865.

La durée de l'obligation de résidence sera réduite à cinq années, si l'acquéreur a résidé personnellement avec sa famille et sans interruption aucune pendant cinq ans et s'il justifie avoir construit des bâtiments d'habitation et d'exploitation et fait sur son lot les améliorations indiquées par l'arrêté spécial à chaque immeuble. Il est statué par un arrêté du Préfet à qui sont fournies les justifications, sauf recours au Conseil d'Etat statuant au contentieux. L'acquéreur qui aura rempli les mêmes conditions pourra bénéficier, en outre, d'une réduction de 3/8e du prix de vente. Il est statué à ce sujet par décision du Gouverneur général.

En cas de décès de l'acquéreur, la condition de résidence peut être remplie par les héritiers ou par l'un d'eux seulement.

Art. 17. — Lorsque, pour cause de mariage entre acquéreurs ou de succession ou pour toute autre motif, une famille se trouvera détenir plusieurs propriétés de colonisation, elle sera tenue d'installer sur chacune des propriétés où elle ne résidera pas elle-même, une famille de même origine que l'acquéreur primitif.

Cession à titre gratuit ou onéreux

Art. 18. — L'acquéreur qui aura satisfait pendant 3 ans au moins aux obligations qui lui sont imposées pourra céder ses terrains à toute personne remplissant les mêmes conditions d'origine que lui-même, jouissant de ses droits civils et n'ayant jamais été acquéreur, concessionnaire ou cessionnaire, à quelque titre que ce soit, de terres de colonisation. L'acte de cession est soumis à l'approbation du Gouverneur général. Le cessionnaire se trouve substitué au cédant pour l'accomplissement des clauses et charges du contrat.

Art. 19. — Avant l'expiration d'un délai de dix ans, à dater du jour où il été satisfait aux conditions de résidence et d'exploitation dont il est parlé à l'article 16, l'immeuble vendu ne pourra être transmis, à titre gratuit ou onéreux, à d'autres personnes que des Français d'origine européenne ou à des européens naturalisés, jouissant de leurs droits civils, et n'ayant jamais été acquéreurs, concessionnaires ou cessionnaires, à quelque titre que ce soit, de terres de colonisation.

Toute transmission effectuée contrairement aux dispositions ci-dessus entraînera la déchéance prononcée contre l'acquéreur primitif par l'article 22 ci-après.

Interdiction de location aux indigènes

Art. 20. — Avant l'expiration du délai de dix ans fixé par l'article précédent, les terrains vendus ne pourront, sous les mêmes sanctions, être loués à des indigènes.

Déchéance

Art. 21. — A défaut d'exécution de l'une quelconque des charges et conditions de la vente, la déchéance sera prononcée contre l'acquéreur par arrêté du Gouverneur général, sous réserve du recours au Conseil d'Etat statuant au contentieux. L'arrêté, en cas de déchéance pour non paiement du prix aux échéances, sera précédé d'une contrainte signifiée à l'acquéreur au moins quinze jours avant, conformément à l'article 8 de la loi du 15 floréal an X.

Dans tous les autres cas où la déchéance sera encourue, l'arrêté qui la prononcera sera précédé d'une mise en demeure, notifiée au moins un mois à l'avance par la voie administrative à l'acquéreur. L'arrêté de déchéance sera ensuite notifié dans les formes tracées par l'article 18 du décret du 13 septembre 1904.

Il n'y aura pas lieu à mise en demeure lorsque la déchéance sera prononcée pour violation des dispositions de l'article 2.

Faute de recours dans le délai d'un mois, l'immeuble sera mis en vente par les soins de l'administration des Domaines et par la voie des enchères publiques.

La mise en vente sera notifiée au moins un mois à l'avance, avec indication des lieu, jour et heure de l'adjudication, à l'acquéreur ou à ses ayants droit connus, ainsi qu'aux créanciers inscrits, au domicile élu dans les inscriptions.

Ne seront admises à y concourir que les personnes remplissant les conditions exigées par l'article 2. L'acquéreur déchu ne pourra y prendre part. Il restera en possession jusqu'au jour de la vente.

Le prix de cette adjudication sera versé, en un seul terme, dans le délai d'un mois à la caisse du receveur des Domaines de la situation des biens. Il sera retenu par l'Etat, déduction faite des sommes nécessaires au paiement des créances mentionnées à l'article 23 ci-après, jusqu'à concurrence des sommes restant dues aux Domaines sur le prix de la vente résolue.

L'Etat retiendra également, avant toute déduction, les frais de la procédure de déchéance.

La répartition des sommes revenant respectivement sur le prix de cette revente au Trésor et à l'adjudicataire déchu ou à ses créanciers, sera réglée par un arrêté du Gouverneur général qui sera notifié en la forme administrative aux intéressés et susceptible de recours au conseil d'Etat.

Quant aux frais qui auront été versés au moment de la vente à bureau ouvert, ils resteront en tout état de cause acquis à l'Etat et ne pourront faire l'objet d'aucune répétition.

La partie du prix non retenue sera consignée au compte de tous ayants droit.

En cas d'insuccès de cette nouvelle adjudication, l'immeuble fera immédiatement retour à l'Etat qui ne sera tenu à aucune indemnité, en raison des améliorations qu'aura pu y apporter l'acquéreur déchu.

De même, les créanciers désignés à l'article ci-après n'auront aucune action à exercer contre l'Etat pour obtenir le paiement de leurs créances.

Garanties accordées aux créanciers de l'acquéreur

Art. 22. — Dans le cas de déchéance prévu par l'article précédent, comme aussi dans le cas où la vente de l'immeuble serait poursuivie à la requête des créanciers, l'aliénation ne pourra avoir lieu qu'en la forme administrative.

De plus, dans les deux cas, l'Etat, nonobstant les termes généraux de l'article ci-avant, renonce à se prévaloir de tout privilège ou action résolutoire vis-à-vis des personnes qui auront consenti à l'acquéreur des prêts hypothécaires destinés :

1º Aux travaux de construction ou de reconstruction, de réparation ou d'agrandissement des bâtiments d'habitation ou d'exploitation ;

2º A des travaux agricoles constituant des améliorations utiles et permanentes.

Cette renonciation n'aura d'effet qu'à la double condition que l'acquéreur ait fait dresser, en la forme authentique, un acte de prêt constatant la destination des fonds et que l'emploi en soit établi par quittances et autres documents produits au préfet ou au général. Un arrêté du préfet, statuant à cet égard, fixera, sauf recours au conseil d'Etat, le montant des fonds dont l'emploi sera reconnu justifié.

Art. 23. — Les actes de vente seront dressés en conformité du présent arrêté, et à chacun d'eux sera annexé un plan de la propriété vendue.

Modèle de la Soumission

Territoire de
N° de la propriété
    Prix de vente
    2/8ᵉˢ de ce prix

Le (date)
Le sieur
né à   département
de   le
domicilié actuellement à
département de   depuis   ans,
a déclaré vouloir acquérir la propriété désignée ci-dessus, aux clauses et conditions tant générales que particulières, insérées dans le cahier des charges relatif au territoire de
dont il certifie avoir pleine et entière connaissance et qu'il s'engage à exécuter strictement.

Dans le cas où, à l'heure fixée, il ne se présenterait pas pour souscrire l'acte de vente ou prendre part à l'adjudication, il déclare renoncer à se prévaloir de tout droit pouvant résulter de la présente déclaration, sans préjudice de son exclusion de la vente des terres de colonisation actuellement ouverte.

Il déclare, en outre, qu'il est Français d'origine européenne ou naturalisé français de même origine, qu'il jouit de ses droits civils, qu'il n'est et n'a été ni acquéreur, ni concessionnaire, ni cessionnaire à quelque titre que ce soit, de terres de colonisation.

En foi de quoi il a signé avec nous.

Le Soumissionnaire,   *Le Receveur des Domaines,*

Modèle de Procuration

Je soussigné (1)   donne pouvoir
à M. (2)   de pour moi et en mon nom
acquérir de l'administration des Domaines une des propriétés
de colonisation comprises dans la 8e vente à bureau ouvert et à cet
effet signer tous actes relatifs à cette acquisition, promettant avoir
le tout pour agréable et le ratifier au besoin.

Fait à

Faire légaliser la signature par le maire de la localité qu'habite le
mandant.

---

(1) Nom, prénoms, profession et domicile.

(2) Mêmes indications ou nom en blanc si le mandataire n'est pas
désigné.

Recommandations

Les concessions et mieux encore les propriétés plus étendues vendues à bureau ouvert offrent à nos agriculteurs de la Métropole, à une distance relativement courte de chez eux et sur terre française, *une existence plus large et les chances les plus sérieuses d'aisance véritable.*

Mais les futurs colons ne sauraient trop se pénétrer de cette idée que si l'Algérie leur offre les moyens de se constituer un patrimoine foncier de valeur, le succès ne peut y être acquis qu'avec de l'*énergie* et de la *persévérance.*

Le travail personnel prolongé, la santé physique et la résistance morale, les qualités d'ordre et de prévoyance sont indispensables pour surmonter les difficultés du début et conduire à bien une semblable entreprise.

Le colon doit savoir demander à la terre toutes les ressources qu'elle est en état de produire et ne pas négliger, ce qui est trop souvent son tort, les *cultures accessoires*, le jardin fruitier et potager, l'étable, le poulailler, le rucher.

Il faut donc qu'il soit autant que possible rompu à la *pratique agricole*, Il est tout aussi essentiel pour sa réussite qu'il ait des *avances* afin de faire face aux dépenses que lui occasionneront son installation, l'achat d'un cheptel et d'un matériel agricole adapté au pays, les salaires de la main-d'œuvre supplémentaire, la nourriture et l'entretien des siens.

Dispositions Spéciales

Les professeurs départementaux d'agriculture sont chargés de faire, dans les centres de colonisation, des tournées au cours desquelles ils donnent aux concessionnaires les indications les plus utiles à connaître.

Tous les renseignements sur le climat, la nature du sol, les grandes cultures, les cultures industrielles, les cultures arbustives, les pépinières, le matériel, le bétail, les bergeries, les ruchers, les huileries, les méthodes de vinification, les marchés, les stations de monte, les ressources du pays, les matériaux de construction, seront fournis aux colons.

Il est entendu, d'ailleurs, que, dans leurs causeries, les professeurs départementaux ne doivent pas perdre de vue qu'il ne s'agit nullement de se substituer à l'initiative du colon, ni de l'encourager en aucune façon dans telle ou telle entreprise, mais bien de lui fournir toutes les données dont il peut avoir besoin pour orienter son exploitation et la mettre en rapport le plus rapidement possible.

Les nouveaux colons qui débarquent à Alger sont reçus à leur arrivée par un fonctionnaire du Gouvernement général, chargé de les renseigner sur les moyens de gagner leur concession de la façon la plus économique.

Dès leur arrivée, les nouveaux colons feront bien de s'adresser de préférence à l'administrateur de la commune mixte dont dépend le centre qu'ils vont habiter, pour être exactement mis au courant des usages et des coutumes de la région.

Ce fonctionnaire les renseignera sur le mode de construction, les prix courants, les contrats de défrichement, de culture, de moisson, etc.